Inhalt

Wälder sind voller Leben
Der Wald ist ein stiller Ort.
Nur die Blätter rascheln leise, wenn
der Wind durch die Bäume streicht.
Dennoch ist er voller Leben.
Säugetiere, Vögel und wirbellose
Tiere aller Art finden hier Nahrung
und Schutz.

Barbara Taylor

Tiere
im Wald

Rund um den Wald

Nordamerika, Europa und weite Teile Asiens gehören zur gemäßigten Klimazone. Dort gibt es ausgedehnte Waldgebiete: im Norden die Nadelwälder, weiter südlich die Laubwälder. Beide sind dem Wechsel der Jahreszeiten unterworfen. Die Pflanzen und die Tiere, die in diesen Wäldern leben, müssen sich wandelnden Bedingungen anpassen, den relativ warmen Sommern, insbesondere aber der Kälte im Winter. Anders verhält es sich in den Tropenwäldern rund um den Äquator: Dort herrscht das ganze Jahr über ein feucht-warmes Klima. Wie die Tropenwälder sind auch die Wälder der gemäßigten Zone ein wichtiger Lebensraum für ganz unterschiedliche Tiere, zum Beispiel: Säugetiere, Vögel, Insekten und andere Kleintiere. Die Wälder sind jedoch im Lauf der Zeit immer weiter geschrumpft. Wo einst Bäume standen, findet man heute Städte, und weite Wald-flächen sind dem Kahlschlag zum Opfer gefallen, weil die Industrie große Mengen Holz benötigt, und auch für landwirtschaftliche Nutz-flächen wurden Wälder abgeholzt.

Waldtypen

In der gemäßigten Zone unter-scheidet man zwischen den dunklen Nadelwäldern in den kälteren nörd-lichen Regionen und den lichteren Laubwäldern weiter südlich. Im Mischwald (links) wachsen sowohl Nadel- als auch Laubbäume. Die Blätter der Laubbäume färben sich im Herbst gelb, rot oder braun und fallen ab. Die immergrünen Nadel-bäume verlieren über das Jahr verteilt nur eine geringe Menge Nadeln.

Leckermäuler

In den Eukalyptuswäldern im Südosten und Südwesten Australiens lebt der Honigbeutler. Mit seiner langen borstenbesetzten Zunge leckt er Nektar und Pollen aus den Blüten von Eukalyptusbäumen und Sträuchern wie der Banksie. Auch Papageien und Fledermäuse tun sich daran gütlich. Dabei machen sie sich nützlich, indem sie die Pflanzen bestäuben.

Winterschlaf

Bilche werden auch Schlafmäuse genannt. Sie halten während der kalten Jahreszeit einen Winterschlaf. Ihr Stoffwechsel läuft dann auf Sparflamme und ihr Herz schlägt langsamer. Während des Schlafs zehrt der Bilch vom »Winterspeck«, den er sich im Herbst angefressen hat. Von Zeit zu Zeit wacht er für ein paar Tage auf, in milden Wintern häufiger als in kalten. Ist er zu lange wach, kann er verhungern, weil sein Energiebedarf dann höher ist.

Nistplätze

Ob in hohlen Baumstämmen, auf Astgabeln oder in Laubhaufen am Boden – im Wald finden die Vögel viele Nistplätze. Der Laubsänger polstert sein Bodennest mit Gras, damit das Gelege, also seine Eier, warm bleiben. Er gehört zu den Zugvögeln: Von Frühjahr bis Herbst lebt er in den Wäldern der emäßigten Zone, den Winter verbringt er in Afrika.

Kletterkünstler

Dank seiner langen, kräftigen Hinterbeine und der scharfen Klauen kann das Eichhörnchen hervorragend klettern und bei Gefahr schnell in die Baumwipfel flüchten. Abwärts klettert es im Gegensatz zu anderen Tieren mit dem Kopf voran. Es kann seine Beine im Winkel von fast 180° abspreizen. Beim Springen von Ast zu Ast dient ihm der buschige Schwanz als Ruder.

Wälder auf unserer Erde

Eine jährliche Niederschlagsmenge über 250 mm und eine sommerliche Durchschnittstemperatur von mindestens 10 °C – das sind die Bedingungen für Wälder der gemäßigten Zone. Die borealen Nadelwälder bilden im Norden Amerikas, Europas und Asiens ein breites Band. In diesem Gebiet bleibt die Hälfte des Jahres über die Temperatur unter 0 °C und die Niederschlagsmenge liegt zwischen 250 und 500 mm. Pflanzen wachsen nur während drei Monaten im Sommer. Weiter südlich, im Bereich der Laubwälder, liegen die Temperaturen

Eukalyptuswälder
Die Eukalyptuswälder in Südost- und Südwest-Australien sind die Heimat einer außergewöhnlichen Tierpopulation, die weltweit einzigartig ist. Durch die Baumkronen gelangt viel Licht zum Waldboden. Die Temperaturen wechseln mit den Jahreszeiten; Regen fällt vor allem im Winter.

die Hälfte des Jahres über 10 °C, die Niederschlagsmenge liegt über 400 mm und die Pflanzen haben 3½ bis 7 Monate Zeit zu wachsen. Auf der Südhalbkugel findet man Wälder aus ungewöhnlichen Baumarten, z. B. aus Schuppentannen in Chile und Eukalyptusbäumen in Australien. Neben den beschriebenen Wäldern der gemäßigten Zone gibt es noch die tropischen Sumpf- und Regenwälder.

Polarkreis

Alaska

Nord-amerika

Äquator

Legende
■ boreale Nadelwälder
■ Laubwälder

Laubwälder
Etwa ein Viertel der Waldgebiete unserer Erde bestehen aus Laubbäumen wie Eiche, Birke, Esche, Buche und Ahorn. Sie brauchen mindestens dreimal so viele warme Tage wie Nadelbäume. In Europa wachsen Laubwälder hauptsächlich südlich der Nord- und Ostsee, von Spanien bis Westrussland. In Asien findet man sie im östlichen China, in Korea und Japan, während sie sich in den USA an der Westküste entlangziehen und in der Osthälfte verbreitet sind.

Bambuswälder

Bambuspflanzen sind Gräser, sie werden aber enorm hoch. Am höchsten wird der schnell wachsende Riesenbambus mit bis zu 40 m. Die hohlen, schlanken Halme stehen oft nahe beisammen; ihr Wurzelwerk lässt wenig Raum für andere Pflanzen. Viele Bambusarten treiben erst nach langer Zeit, 12 bis 120 Jahren, Blüten und blühen nur ein einziges Mal. Der Große Panda (Bambusbär) ernährt sich ausschließlich von Bambus. Mit dem Sterben dieser Wälder ist auf lange Sicht auch sein Fortbestand gefährdet.

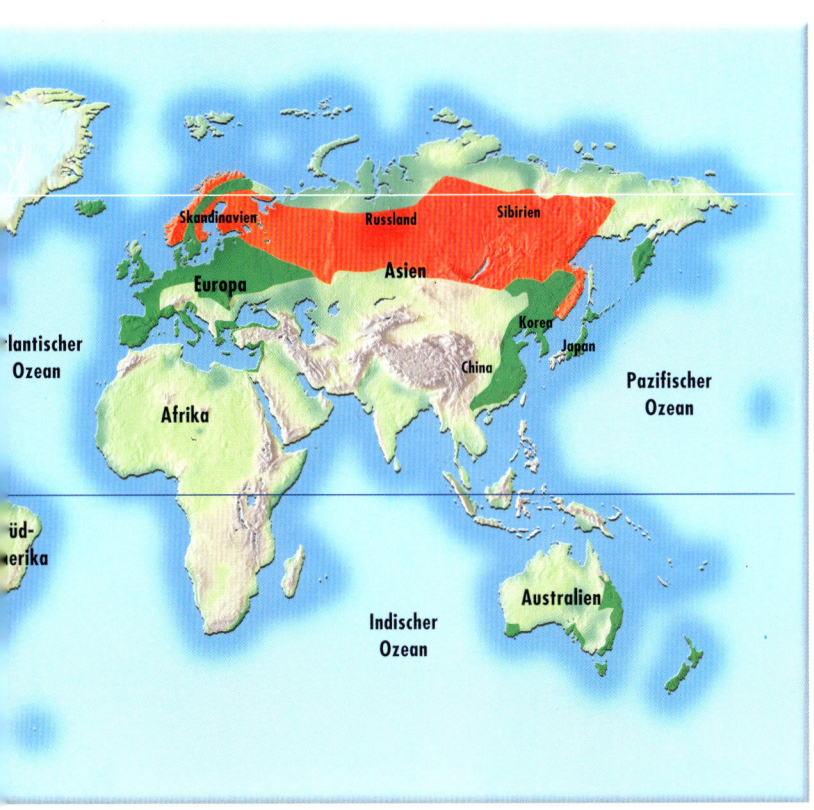

Nadelwälder

Die borealen, d. h. nördlichen Nadelwälder sind die größten zusammenhängenden Waldgebiete der Erde. Sie erstrecken sich von der Pazifikküste Alaskas ostwärts bis zur Atlantikküste Kanadas und von Skandinavien bis Ostsibirien. Die Nadelwälder ziehen sich in Gebiete bis zu 1200 km nördlich des Polarkreises hinein. Lägen keine Ozeane dazwischen, würden die borealen Nadelwälder einen durchgehenden Gürtel von 10 000 km Länge und durchschnittlich 2000 km Breite bilden.

Schuppentannen-Wälder

Die bis zu 45 m hohen Schuppentannen, die auch Araukarien heißen, gab es bereits zur Zeit der Dinosaurier. Heute wachsen sie nur noch in den Anden im Südosten Chiles und werden auch Chiletannen genannt. Ihre nadelartigen steifen Blätter sind wie die Schuppen eines Tannenzapfens rund um den Zweig angeordnet. Kaum ein Tier wagt es, in diesem »Dickicht« voller Spitzen herumzuklettern. Dem Volk der Pehuenche, das in diesen Wäldern lebt, sind die Bäume heilig. Die Pehuenche fällen die Araukarien nicht, sondern sammeln ihre Samen und mischen sie zermahlen ins Mehl.

Nadelwälder

Die Nadelwälder im hohen Norden – vor allem in Russland – werden auch Taiga genannt. Das Wort bedeutet so viel wie »dunkler Wald«. Die immergrünen Nadelbäume der Taiga sind eine Pflanzengruppe, die vor 300 Mio. Jahren, also lange vor den Blütenpflanzen, auf der Erde auftauchte. Ihre Samen bilden sich in holzigen Zapfen. Da sie die Nadeln nicht abwerfen, sind sie ein guter Windschutz: Selbst heftigste Schneestürme dringen nicht bis ins Innere dieser Wälder vor. Allerdings lassen die Nadelbäume wenig Licht zum Waldboden durchscheinen, der von einer Schicht abgefallener Nadeln bedeckt ist. Nur anspruchslose Pflanzen wie Farne und Moose können hier gedeihen, außerdem Pilze, die unabhängig vom Licht wachsen. Auf Lichtungen in diesen Wäldern findet man Wildblumen sowie Heidelbeer-, Wacholder- und andere Sträucher. In Bodensenken, die von Gletschern der letzten Eiszeit herrühren, haben sich Seen gebildet. Da im kalten nördlichen Klima wenig Wasser verdunstet und Faulvorgänge langsam ablaufen, sind die Wälder oft von weit ausgedehnten Sümpfen durchzogen.

Wozu Nadeln?

Nadelbäume haben keine flächigen Blätter, sondern stäbchenförmige, lange, schmale: die Nadeln. Auf ihnen sammelt sich kaum Schnee und sie enthalten nur wenig Pflanzensaft, der gefrieren könnte. Aufgrund ihrer dunkelgrünen Färbung nehmen sie viel Wärme durch das Sonnenlicht auf. An der gerillten Unterseite hat die Nadel einige Poren. Außer diesen Poren ist die komplette Nadel mit einer Wachsschicht überzogen, die zu großen Wasserverlust verhindert. Das ist lebenswichtig, denn aus dem meist gefrorenen Boden können die Baumwurzeln kein Wasser aufnehmen.

Schutz vor Kälte

Rentiere und ihre nordamerikanischen Verwandten, die Karibus, leben im Sommer in der baumlosen Tundra. Im Winter suchen sie Schutz in den Nadelwäldern südlich davon, oft verfolgt von hungrigen Wolfsrudeln. Waldmurmeltiere und Fledermäuse sind Winterschläfer, der Bär hält Winterruhe. Viele Vögel ziehen im Herbst nach Süden und kehren erst im Frühjahr zu ihren Brutplätzen im hohen Norden zurück.

Versteckte Samen

Die meisten Tiere verschmähen die zähen Nadeln und fressen lieber die Samen in den Zapfen. Der Kreuzschnabel hat seine Technik perfektioniert: Er schiebt seinen Schnabel mit den überkreuzten Spitzen hinter eine Zapfenschuppe, hebt sie an und »angelt« sich dann mit der Zunge den Samen. So kommt er an bis zu 1000 Stück pro Tag. Der größere Tannenhäher zerbeißt den Zapfen.

Baumformen

Tannen und Fichten wie die rechts gezeigten Blau- oder Stechfichten in Colorado/USA haben die Form von Kirchturmspitzen. Kiefern dagegen sind ausladend. Bei Tannen und Fichten gleitet der Schnee an den hängenden Zweigen herunter. Bliebe er auf den Ästen liegen, könnten sie unter dem Gewicht abbrechen.

Feuer!

In Nadelwäldern gibt es immer wieder Waldbrände. Die Ursache sind häufig Blitzeinschläge nach einem trockenen Sommer. Die dicke faserige Rinde der Nadelbäume ist relativ feuerbeständig. Doch wenn die trockenen Nadeln am Boden zu brennen beginnen, greift das Feuer rasch um sich, weil die Bäume dicht an dicht stehen. Die riesigen Redwoodbäume und die kalifornischen Kiefern nutzen manchmal zur Fortpflanzung die Feuerstürme.

Jäger

In den nördlichen Nadelwäldern leben nur wenige Säugetiere. Jäger wie die Rotluchse müssen lange Strecken auf der Suche nach Nahrung zurücklegen. Sie fressen Lemminge, Wühlmäuse und Vögel. Auch Aas verschmähen sie nicht. Ihr dichtes Fell hält sie warm.

Baumriesen

Die Küstenmammutbäume, *Sequoia sempervirens*, die zur Gattung der Sumpfzypressengewächse gerechnet werden, tragen ihren Namen zu Recht: Sie sind in der Tat die Mammuts unter den Pflanzen. Über 100 m hoch ragen sie empor. Durch ihren mächtigen rotbraunen Stamm könnte man problemlos einen Tunnel für Autos schlagen. Ihre enorme Größe verdanken sie dem durch regelmäßige Überschwemmung sehr fruchtbaren Boden in den Flusstälern an der Westküste Nordamerikas. Mit ihrem weit verzweigten Wurzelwerk entziehen sie ihm Wasser und Nährstoffe für ihr Wachstum. Ein Riesenmammutbaum produziert jährlich etwa 1500 bis 2000 Zapfen, auch wenn er schon sehr alt ist. Der älteste bekannte Mammutbaum, *Sequoia giganteum*, ist über 3000 Jahre alt – das entspricht mehr als vierzig Menschenaltern! Mammutbäume nennt man auch Sequoien, nach dem Cherokee-Häuptling Sequoyah.

»Dickhäuter«

Die Küstenmammutbäume haben ein rötliches Kernholz, deshalb werden sie auch Redwoodbäume (Rotholzbäume) genannt. Ihre zimtfarbene Rinde ist weich und faserig, außerdem dicker als bei jeder anderen Baumart, an manchen Stellen bis zu 75 cm. Da die Rinde die Wärme schlecht leitet, sind die Bäume gut gegen Feuer geschützt. Aber auch gegen Forstschädlinge ist die Rinde eine Schutz, so werden die Bäume extrem alt.

Drohgebärde

Die sehr anpassungsfähige Texasklapperschlange lebt auf grasbewachsenen Flächen, an Bächen und auch in den Mammutbaum-Wäldern. Nimmt sie ihre Drohhaltung ein, dann richtet sie den Vorderkörper s-förmig auf und präsentiert dabei ihren schwarz-weißen Schwanz. Das Klappern der Hornringe am Schwanz soll Feinde einschüchtern.

Fressen und Schlafen

Zwischen den Mammutbäumen, aber auch in anderen Waldgebieten Nordamerikas, lebt der Schwarzbär. Er sucht nachts nach Früchten, Beeren, Nüssen, Wurzeln und Honig. Im Herbst frisst er sich ein Fettpolster für den Winter an. Bären halten keinen echten Winterschlaf, sondern Winterruhe. Die kalten Monate des Jahres verschlafen sie in Höhlen. Im Januar oder Februar werden dort ihre Jungen geboren, die zunächst bei der Mutter bleiben.

Fledermäuse

Tagsüber schläft die Rote Fledermaus in den Mammutbäumen, nachts geht sie auf Insektenfang. Verglichen mit ihren Verwandten ist sie kinderreich: Statt nur ein oder zwei Junge bringt sie drei oder vier zur Welt. Anfangs trägt die Mutter ihre Kleinen mit sich herum, auch wenn sie zusammen schwerer sind als sie selbst. Den Winter verbringt die Rote Fledermaus in südlicheren Regionen.

Rindenbewohner

Rossameisen leben in der Rinde von Mammutbäumen, in Baumstümpfen und abgestorbenem Holz. Mit ihrem kräftigen Mundwerkzeug legen sie Tunnels an, die in bis zu 6 m lange Kammern münden. Dass in einem Mammutbaum Ameisen hausen, erkennt man an dem rötlichen Sägemehl unten am Stamm. Die Tunnels der Ameisen schaden dem Baum nicht direkt, allerdings können durch sie Schadinsekten und Pilze eindringen. Außerdem lässt die einströmende Luft die Rinde austrocknen, dadurch fängt sie leichter Feuer.

Laubfall

Laubbäume verlieren alljährlich ihre Blätter. Nur so können sie den Winter überstehen.

Winter

Im Winter ist die Sonneneinstrahlung gering und das Wasser im Boden kann gefrieren. Ohne ausreichend Sonnenlicht und Wasser kann der Baum keine Fotosynthese betreiben, also findet kein Stoffwechsel statt.

Frühjahr/Sommer

Regen und die wärmeren, sonnigen Tage im Frühjahr bewirken, dass der Baum Blüten und neue Blätter treibt.

Herbst

Im Herbst zieht der Baum die Nährstoffe aus den Blättern in die Äste und den Stamm zurück. Die Blätter verlieren ihre grüne Farbe, verdorren und fallen ab.

Hungrige Nager

Im Laubwald leben verschiedene Nagetiere, in Europa z. B. die Rötelmaus (links) und in Nordamerika die Hüpfmaus. Rötelmäuse können recht gut klettern. Wird ihre Nahrung knapp, nagen sie an der Rinde von Bäumen und am lebenden Holz darunter. Dadurch fügen sie dem Baum Schaden zu. Besonders die Erdmaus ist als Baumschädling bekannt. Sie nagt das Leitgewebe für Nährstoffe und Wasser ringförmig ab, sodass der Baum abstirbt.

Nützlicher Käfer

Saftige Laubblätter werden von vielen Tieren als Nahrung geschätzt. Auch Blattläuse tun sich gern daran gütlich. Ihr Hauptfeind ist der Marienkäfer. Im Mittelalter stellte man fest, dass er Schädlinge an Weinstöcken vertilgt und benannte ihn nach der Muttergottes.

Nachwuchs

Wie viele Waldtiere bekommen auch Weißwedelhirsche ihre Jungen spät im Frühjahr, wenn reichlich Nahrung vorhanden ist. Bis zum Herbst sind die Jungtiere dann so groß und kräftig, dass sie den Winter gut überstehen. Die Hirschkälber haben anfangs ein gesprenkeltes Fell, das sie zwischen den Waldbäumen hervorragend tarnt.

Laubwälder

Warme Sommer, mäßig kalte Winter und über das Jahr verteilte Regenfälle sind ideale Bedingungen für das Wachstum von Laubbäumen wie Eiche, Buche, Kastanie, Ahorn und Esche, die typischen Waldbäume Europas. In den nordamerikanischen Wäldern findet man außerdem viele Pappeln, Linden, Hickorybäume, Magnolien und Rosskastanien. Im Laubwald stehen die Bäume weniger dicht als im Nadelwald, sodass mehr Licht zum Waldboden gelangt und ein Unterwuchs aus Sträuchern und Gräsern gedeihen kann. Im Frühjahr und Sommer, der Hauptwachstumszeit der Pflanzen, bekommen auch viele Tiere ihre Jungen. Im Herbst bereiten sich Pflanzen und Tiere auf den Winter vor: Die Bäume werfen ihr Laub ab, die Winterschläfer fressen sich Fettreserven an, andere Tiere sammeln Vorräte oder ziehen sich in südlichere Gegenden zurück. Im Winter wird es ruhiger im Wald. Nur wenige Tiere sind auf der mühevollen Suche nach Nahrung unterwegs.

Nahrung

Die breiten, flachen Laubblätter fangen viel Sonnenlicht ein. Dessen Energie benützen sie, um Kohlendioxid aus der Luft und Wasser aus dem Boden in Traubenzucker – den Grundstoff ihrer Nahrung – zu verwandeln. Diesen Vorgang, bei dem auch Sauerstoff entsteht, nennt man Fotosynthese.

Tock, tock, tock!

Erklingt im Wald ein schnelles Hämmern, denkt man sofort an den Specht. Er sucht in der Baumrinde nach Nahrung. Im Frühjahr hämmert er auch, um Weibchen anzulocken oder um seinen Revieranspruch kundzutun. Mit seinen scharfen Krallen hält er sich an der Rinde fest, stützt sich mit dem kurzen, starren Schwanz am Stamm ab und hackt dann mit dem spitzen Schnabel ein Loch ins Holz. Seine Beute (Insekten und Larven) angelt er mit seiner langen klebrigen Zunge heraus. Bei manchen Arten ist die Zunge so lang wie der gesamte Vogelkörper.

Pflanzen im Wald

Typisch für den Laubwald ist sein Stockwerksbau. Die ausladenden Kronen der hohen Eichen, Buchen und Ahorne bilden die oberste Schicht. Eine Etage tiefer wachsen Sträucher wie Stechpalme, Weißdorn oder Haselnuss. Ganz unten schließlich gedeihen Farne, Gräser und Blütenpflanzen. Kletterpflanzen wie Efeu wachsen zum Licht hin, indem sie sich an Bäumen emporranken, und Schmarotzerpflanzen wie die Mistel setzen sich an den oberen Ästen der Bäume fest. Nach dem Laubfall im Herbst fällt mehr Licht in die unteren Schichten ein; immergrüne Sträucher können daher das ganze Jahr über wachsen. Die Pflanzen der untersten Schicht sind oft großblättrig, um viel Sonnenlicht einzufangen. Zwischen ihnen gedeihen Pilze, die zum Wachsen gar kein Licht brauchen. Die Pilze spielen eine wichtige Rolle beim Abbau toter Pflanzenteile. Im Nadelwald gibt es nur zwei statt drei Schichten. Wegen der ungünstigen Lichtverhältnisse wachsen dort keine Sträucher. Die untere Schicht im Nadelwald besteht hauptsächlich aus Farnen und Moosen, die auf dem feuchten Boden gut gedeihen können und sehr anspruchslos sind.

Zum Licht hin
Der Efeu bildet Haftwurzeln, mit denen sich seine Triebe an der Baumrinde verankern. Er nutzt den Baum als Klettergerüst und entzieht ihm, soweit bekannt ist, keine Nährstoffe. Efeublätter sind immergrün, d.h., die Pflanze betreibt auch im Winter Fotosynthese. Blüten bilden sich erst im Herbst. Nach der Bestäubung durch Fliegen und Wespen entwickeln sich im Winter blauschwarze Beeren. Sie sind Nahrung von Vögeln, die so für die Verbreitung der Efeusamen sorgen.

Zwischen dem verrottenden Laub am Waldboden gedeihen Pilze und Moose.

Schichten im Wald

Die Vegetation im Laubwald gliedert sich in drei Schichten.

Kronenschicht
Die oberste Schicht bilden die Kronen hoher Bäume.

Strauchschicht
Sie besteht aus Sträuchern, aus kleinwüchsigen und jungen Bäumen.

Krautschicht
Diese Schicht setzt sich aus Blütenpflanzen, Gräsern und Farnen zusammen.

Waldpilze

Anders als grüne Pflanzen können Pilze ihre Nahrung nicht selbst herstellen, denn sie betreiben keine Fotosynthese. Stattdessen nehmen sie Nährstoffe aus lebender und abgestorbener Substanz am Waldboden auf. Viele Pilze leben in einer Art Partnerschaft, der Symbiose, mit Bäumen: Sie profitieren von deren Nährstoffen und ermöglichen den Bäumen wiederum die Aufnahme von Mineralstoffen aus dem Boden.

Blütenpracht

In diesen Wald fällt viel Licht ein. Der Boden ist von einem gelb blühenden Korbblütler, *Arnica cordifolia*, bedeckt. Pflanzen, die sich vegetativ, also ungeschlechtlich über das Wurzelwerk, vermehren, breiten sich rasch aus. Im Frühjahr, bevor die Laubbäume Blätter treiben, blühen Glockenblumen und Sauerklee. Ihre Nährstoffe speichern die Waldblumen in Knollen, Sprossen oder Wurzelstöcken. So können sie im Frühjahr rasch sprießen.

Vogelnestwurz

Diese Orchidee verdankt ihren Namen ihrem dichten Wurzelwerk. Sie wächst im Laubwald auf dem von Laubresten bedeckten Boden, hauptsächlich unter Buchen. Da diese Orchidee keine grünen Blattfarbstoffe bildet und somit keine Fotosynthese betreibt, bezieht sie ihre Nährstoffe aus verrottenden Pflanzenteilen.

Sporenpflanzen

Farne bilden keine Samen, sondern vermehren sich durch Sporen. Diese entstehen in kleinen Säckchen an der Blattunterseite, den Sori. Aus den Sporen wachsen kleine herzförmige Gebilde, die Prothallien, und sie wiederum erzeugen Ei- und Spermazellen. Die Spermazellen gleiten durch eine Flüssigkeit an der Oberfläche des Prothalliums und befruchten die Eizellen.
Dann erst entsteht eine neue Farnpflanze. Im Winter sterben die Farnwedel ab; ihre Überreste schützen die im Frühjahr neu wachsenden Blätter.

Eukalyptuswälder

Gut getarnt

Diese beiden Eulenschwalme sind hervorragend getarnt: Wenn sie still im Baum sitzen, wirken sie mit ihrem streifigen Gefieder wie abgebrochene Äste. Nachts verlässt der Eulenschwalm seinen Ruheplatz und sucht nach Nahrung. Mit seinem großen, flachen Schnabel fängt er Käfer, Hundertfüßer, Frösche und Mäuse. Das Federbüschel um den Schnabel hilft ihm im Dunkeln die Beute aufzuspüren.

In den australischen Eukalyptuswäldern lebt eine Vielfalt außergewöhnlicher Tiere: von bunt gefiederten Vögeln, die am Tag ihre Rufe erschallen lassen, bis hin zu Säugern, die nachts auf Beutefang gehen. Die Luft ist erfüllt vom intensiven Duft der Eukalyptusblätter und Akazienblüten. Von den Stämmen der Eukalyptusbäume hängt in langen Streifen trockene Rinde herab. Sie löst sich und bildet mit den abgefallenen Blättern einen braunen Teppich, der bei jedem Schritt knirscht. Da Australien weit vom Äquator entfernt liegt, gibt es einen Wechsel der Jahreszeiten; Regen fällt hauptsächlich in den Wintermonaten. Das Wasser sammelt sich in morastigen Senken. Dort leben Frösche, Schlangen und Wasservögel wie Ibisse, Pelikane, schwarze Schwäne und Enten. Von Nektar und Pollen der Eukalyptusbäume sowie der Banksien und der Grevilleen, beide sind Sträucher, ernähren sich Vögel wie Honigfresser und Lori, aber auch Honigbeutler und Fledermäuse. Die immergrünen Eukalyptusbäume können bis zu 150 m hoch werden. Von bestimmten Arten werden die Rinde, das Harz und die Blätter wirtschaftlich genutzt.

Gleitflug

Wenn das Zuckerhörnchen einen Sprung macht, faltet sich eine behaarte Flughaut zwischen Vorder- und Hintergliedmaßen auf und es gleitet bis zu 55 m durch die Luft. Es ernährt sich von Insekten, Früchten, Blütennektar und vom zuckerhaltigen Saft aus den Stämmen von Akazien und Gummibäumen. Das Zuckerhörnchen nagt mit den Vorderzähnen ein Loch in die Rinde, damit es an den Saft herankommt.

Baumbewohner

Der Name des Koalas kommt aus der Sprache der australischen Ureinwohner und bedeutet »trinkt nie«. Die Flüssigkeit, die der Koala braucht, zieht er aus den Eukalyptusblättern, die er in seinen Backentaschen sammelt. Sein Verdauungssystem ist auf die zähe Nahrung eingestellt. Koalas haben lange Finger und Zehen mit gebogenen Klauen, sodass sie sich beim Klettern gut festhalten können.

Blattfresser

Wenn die Raupe des Eukalyptus-Spinners zwischen jungen Eukalyptusblättern sitzt, die ihre Nahrung sind, ist sie erstaunlich gut getarnt. Nach dem Verpuppen wird aus ihr ein attraktiver Schmetterling mit Augenflecken an den Hinterflügeln. Vögel halten ihn dadurch für ein wesentlich größeres Tier und fressen ihn nicht.

Haftzehen

Mit seinen langen, klebrigen Zehen kann sich der Korallenfinger, ein Baumfrosch, sogar an nassen Blättern und feuchter Baumrinde festhalten. Seine lose Bauchhaut erleichtert ihm das Klettern. Auf seiner Oberseite ist er grün und somit im Wald gut getarnt. Nachts geht er auf die Jagd nach Käfern, Schmetterlingen und anderen Insekten, die er mit seinem breiten Maul geschickt schnappt.

Eichenblatt

Blattlaus

Kohlmeise

Sperber

*In den Sommer-
monaten sind die
saftigen Laubblät-
ter willkommene
Leckerbissen für
viele Insekten. Die
Insekten werden
von Singvögeln
gefressen oder als
Futter für die
Jungen zum Nest
gebracht. Die
Singvögel wieder-
um werden Beute
von Greifvögeln
wie dem Sperber.*

Räuber und Beute

Räuber unter den Waldtieren gibt es in allen Größen, von winzigen Spinnen und Käfern in der Laubstreu bis zu den mächtigen Tigern in Ostasien, deren Beutetiere vor allem Huftiere und Vögel sind. Die Luft ist das Revier der Eulen, Sperber, Habichte und – in Australien – des Bussards. Im Geäst der Bäume suchen Marder, australische Quolle und Insekten fressende Vögel wie Spechte, Trauerschnäpper und Vireos nach Nahrung. Der im Nadelwald jagende Raubwürger, der auch ein Singvogel ist, hat einen gekrümmten Schnabel; im Sommer erbeutet er Frösche und Grashüpfer, im Winter Finken und Mäuse. Der Sibirische Tiger, der Luchs, der Rotfuchs und der Vielfraß lauern ihrer Beute am Boden auf. Dabei legen sie weite Strecken zurück: Der Luchs z. B. durchstreift ein über 200 km^2 großes Revier. Wesentlich kleiner ist das Jagdgebiet der Tiere in der Laubstreu am Boden, z. B. der Salamander, Kröten, Schlangen, Spitzmäuse, Wolfs- und anderer Spinnen, der Käfer und der räuberisch lebenden Fliegenlarven.

Kojoten-Kost
Auf dem Speiseplan des in Nordamerika lebenden Kojoten, der auch Präriewolf genannt wird, stehen Kleinsäuger wie Eichhörnchen, Kaninchen und Mäuse. Im Verband mit Artgenossen jagt er größere Tiere wie Hirsche und Wildschafe. Diese verfolgt er über Strecken bis zu 400 m.

Achtbeiniger Wolf

Wolfsspinnen schließen sich zwar nicht zu Rudeln zusammen wie ihre Namensvettern, die Wölfe, aber sie jagen durchaus. Bewegungen möglicher Beute nehmen sie mit den Augen und mit empfindlichen Härchen wahr. Sie fangen die Beute im Sprung und lösen sie dann mit Verdauungssäften in Minutenschnelle auf. Hin und wieder kommt es vor, dass eine Wolfsspinne einen Artgenossen verspeist.

Leise Gleiter

Waldeulen spähen und lauschen von einem Ast aus in die Dunkelheit. Nehmen sie am Boden Geräusche eines Kleinsäuges wahr, breiten sie ihre kurzen, gerundeten Schwingen aus und gleiten fast lautlos hinab. Im letzten Moment ziehen sie die Beine nach vorn und schlagen ihre scharfen Krallen in das unvorbereitete Opfer.

Akrobatisch

Auf der Jagd nach Eichhörnchen oder Vögeln springt der Marder geschickt durchs Geäst. Seine Pfoten haben Krallen, sodass er sich gut an Ästen festhalten kann und der buschige Schwanz hilft ihm beim Balancieren. Der Marder spürt Beutetiere auch in deren Verstecken auf. Meist tötet er sie mit einem gezielten Biss in den Hals.

Riesentiger

Die größte Raubkatze der Welt, der Sibirische Tiger, jagt in den Nadelwäldern Sibiriens. Sein langes dichtes Fell hält ihn warm. Wie die anderen Tiger ist er ein Einzelgänger. Er schleicht sich bis auf ca. 20 m an seine Beute heran. Dann schnellt er los und wirft sich mit seinem ganzen Gewicht auf das Beutetier oder streckt es mit einem Prankenhieb nieder und beißt ihm die Kehle durch. Bei einer einzigen Mahlzeit vertilgt der Sibirische Tiger über 35 kg Fleisch!

Nahrungskette im Nadelwald

Tanne

Pilze

Eichhörnchen

Marder

Die Pilze im Nadelwald ernähren sich von verrottender Pflanzensubstanz. Pflanzenfresser wie das Eichhörnchen tun sich an den Pilzen gütlich und die Eichhörnchen wiederum werden von Fleischfressern wie dem Marder gejagt und gefressen.

Verteidigung

Um ihren natürlichen Feinden zu entgehen, haben viele Waldtiere besondere Methoden entwickelt. Grasschlangen und Opossums z. B. stellen sich tot, denn die meisten Räuber bevorzugen lebende Beute und lassen Kadaver liegen. Andere Tiere setzen »natürliche Waffen« ein: spitze Stacheln, Gift oder Panzerplatten. Ist nur der Rücken bewehrt wie beim Ameisenigel und den Kugelasseln, rollt sich das Tier zusammen, damit auch der empfindliche Bauch geschützt ist. Streifenskunks haben eine spezielle Abwehrtechnik: Sie machen einen »Handstand« und bespritzen den Angreifer mit einer übel riechenden Flüssigkeit. Die Raupen des Buchenspinners setzen Ameisensäure als Waffe ein und der Große Gabelschwanz hat Augenflecke, die ihn gefährlich erscheinen lassen. Viele Tiere sind durch Haut- oder Fellfarbe hervorragend getarnt, und wenn das alles nichts nützt, hilft immer noch die Flucht.

Tarnung
Dieser Falter heißt *Arsenura*. Man könnte ihn für ein welkes Laubblatt halten. Seine Flügel haben Linien, die wie Blattadern wirken und die Körperform schlecht erkennen lassen. In Nadelwäldern sind viele Raupen ihrer Umgebung so angepasst, dass man sie beim flüchtigen Hinsehen für Tannennadeln hält.

Flucht
Bei Gefahr flüchtet das Grauhörnchen auf einen Baum, wo es geschickt von Ast zu Ast springt und mit seinem buschigen Schwanz die Balance hält. Mühelos läuft es dünne Zweige entlang und auch glatte Baumstämme sind kein Problem. Am Boden bleibt es oft sitzen und schnüffelt. Wittert es Gefahr, gibt es seinen Artgenossen mit dem Schwanz ein Zeichen.

Tot oder lebendig?

Wenn sich das Nordamerikanische Opossum bedroht fühlt, sperrt es das Maul auf und zeigt seine 50 spitzen Zähne. Manchmal stellt es sich auch tot: Es lässt sich auf den Rücken fallen und liegt mit heraushängender Zunge da. So kann es stundenlang verharren.

Stachelkleid

Der in Australien heimische Ameisenigel hat keine Zähne, dafür aber Stacheln. Bei Gefahr rollt er sich zu einer stachligen Kugel zusammen. Manchmal vergräbt er sich in Windeseile im Boden; dabei kommen ihm seine kräftigen Krallen zugute. Dass Ameisenigel außergewöhnlich intelligent sind, hat man mithilfe von Tests herausgefunden. Sie sind lern- und erinnerungsfähig und sind daher in der Lage, Gefahrensituationen zu vermeiden.

Achtung, giftig!

Die auffällige Färbung des Feuersalamanders warnt seine Feinde. Seine Haut sondert einen giftigen Schleim ab, der für kleinere Säugetiere tödlich ist, bei größeren zumindest Maul und Augen reizt. Die Schleim produzierenden Drüsen befinden sich am Kopf.

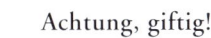

Angeklebt!

Auch manche Pflanzen haben Abwehrmechanismen. Wird ein Nadelbaum beschädigt, sickert aus der »Wunde« klebriges Harz. Es versiegelt die Stelle und verhindert so das Eindringen von Pilzen oder Insekten. Diese Dasselfliege klebt am Harz einer Weißtanne. In Bernstein, dem gehärteten Harz von Bäumen aus der Urzeit, fand man Insekten, die vor Jahrmillionen eingeschlossen wurden.

Nachttiere

Auch bei Nacht sind die Wälder voller Leben. Wenn die Sonne untergeht und die Singvögel ihre Schlafplätze aufsuchen, kommen die verschiedensten Tiere aus ihren Verstecken hervor, um in der kühlen Nachtluft nach Nahrung zu suchen. Allerdings sind in der Dunkelheit auch einige Räuber unterwegs. Viele von ihnen sind mit besonders scharfen Sinnen ausgestattet. Dachse, die zur Gattung der Marder zählen, z. B. haben am Augenhintergrund eine reflektierende Schicht, mit deren Hilfe sie das spärlich einfallende Licht optimal nutzen können.

Es gibt Nachttiere, die nur sehr kleine Augen haben und sich nur mithilfe von Geruchssinn und Ultraschall orientieren. Mäuse und andere Nager haben empfindliche Schnurrhaare, die zum Tasten dienen, wenn sie am Boden umherhuschen. Viele der Nachttiere sind durch die Färbung ihres Fells oder Gefieders gut getarnt, sodass sie tagsüber an ihren Ruheplätzen nicht auffallen.

Lautlose Flieger

Der Waldkauz mit seinem braun gesprenkelten Gefieder ist tagsüber in seinem Baumversteck kaum auszumachen. Dank seines ausgezeichneten Gehörs entgeht ihm nachts nicht das leiseste Geräusch. Er hat sehr weiche Federn und vorn an den Flügeln eine Sägekante. Diese Kombination wirkt geräuschdämpfend: Wenn der Kauz auf seine Beute zufliegt, ist sein Flügelschlag kaum zu hören.

Bitte kein Licht!

Nachts, wenn es kühl ist, gehen die Asseln auf Nahrungssuche. Sie ernähren sich von Algen und Flechten, die an Bäumen wachsen. Anders als bei den Insekten ist ihre Körperhülle wasserdurchlässig. Damit sie nicht austrocknen, meiden sie das Licht und halten sich tagsüber in feuchten Verstecken auf.

Nachtfalter

Viele Schmetterlinge im Wald haben eine Tarnzeichnung, damit sie nicht von Vögeln gefressen werden. Die Zeichnung entspricht dem Untergrund, auf dem sie tagsüber ruhen. Dieser blassgrüne Eulenfalter ist auf flechtenbewachsener Baumrinde fast unsichtbar. Andere Arten ähneln welken Blättern, wieder andere sind mit ihren grünen Flügeln zwischen frischem Laub hervorragend getarnt.

Auf Käferjagd

Die Großhufeisennase ist ein langsamer Flieger. Insekten im Flug zu fangen, fällt ihr schwer. Deshalb streicht sie niedrig über dem Boden dahin und sucht nach Käfern: Maikäfer im Frühling und Mistkäfer später im Jahr. Die Fledermaus orientiert sich im Dunkeln, indem sie durch Nase oder Mund hohe Laute ausstößt. Hindernisse und Beutetiere werfen das Echo zurück zu ihrem Ohr. So kann sie auch erkennen, ob das Objekt sich bewegt.

Unter Tage

Der Europäische Dachs hält sich am Tag in seinem unterirdischen Bau auf. Mit seinen kräftigen Klauen gräbt er ständig neue Gänge und Kammern. Nachts kommt er hervor, um Nahrung zu suchen. Am liebsten frisst er Regenwürmer, aber auch Insekten, kleine Nager, Aas und Früchte stehen auf dem Speiseplan. In der Nähe von Dachsbauten sieht man oft Mulden; dort hat der Dachs nach Nahrung gegraben. Er ist ein Gewohnheitstier: Sucht er nach Fressbarem, folgt er stets denselben Pfaden.

Partnerwerbung

In Frühjahr und Sommer suchen viele Waldtiere, auch solche, die außerhalb der Paarungszeit Einzelgänger sind, einen Partner und gründen eine Familie. Laute sind das ganze Jahr über ein wichtiges Mittel der Verständigung, besonders aber in der Paarungszeit. Der Gesang der Vögel im Frühjahr hat zweierlei Bedeutung: Zum einen verkünden die Männchen damit ihren Revieranspruch, zum anderen locken sie Weibchen an. Spechte singen nicht, sie hämmern stattdessen. Ist ein Weibchen in Sicht, präsentiert das Männchen sein Gefieder. Die Brunftzeit der Hirsche liegt im Herbst. Die männlichen Tiere bemühen sich lautstark um Partnerinnen; ihr Röhren schallt dumpf durch den Wald. Oft liefern sie sich erbitterte Rivalenkämpfe, indem sie ihre Geweihe gegeneinander schlagen. Bei den Insekten dagegen werden die Weibchen mit Farben und speziellen Geruchsstoffen angelockt.

Balztanz

Der Leierschwanz lebt in Australien. Er hat zwei auffällig gezeichnete leierförmige und viele fadenförmige silbrige Schwanzfedern. Vor der Paarung scharrt er einen Erdhügel auf. Dann faltet er den schimmernden Schwanz über dem Körper aus und vollführt auf dem Hügel einen Tanz, um Weibchen anzulocken und mögliche Rivalen zu vertreiben.

Panda-Pärchen

Der Große Panda aus den Bambuswäldern Südwest-Chinas ist ein Einzelgänger. Das Jahr über leben Männchen und Weibchen getrennt, nur zur Paarungszeit im Frühjahr verbringen sie einige Tage zusammen. Das Weibchen zeigt seine Paarungsbereitschaft, indem es Bambushalme und Steine mit Duftstoffen markiert und Grunzlaute ausstößt. Das Männchen reagiert darauf mit einer Art Bellen, das zugleich Konkurrenten in die Flucht schlagen soll.

Gefiederter Trommler

Im Frühjahr setzt sich das in Nordamerika heimische Kragenhuhn auf einen Baumstamm, faltet den Schwanz fächerförmig auf und erzeugt durch Flügelschlagen eine Art Trommelwirbel. Das Geräusch, das im Nadelwald weit zu hören ist, lockt Weibchen an.

Liebesgeflüster

Im nächtlichen Wald trommelt die männliche Gemeine Eichenschrecke mit einem Hinterbein gegen ein Blatt und hebt dabei die Flügel. So ist das Geräusch sehr weit zu hören. Das Weibchen (links) nimmt das Geräusch mit »Ohren« an den Vorderbeinen wahr und nähert sich dann dem Männchen seiner Wahl. Beide Geschlechter hören mit den Beinen, trommeln kann aber nur das Männchen.

Lockender Duft

Die Weibchen des amerikanischen Seidenspinners sondern nachts einen Duftstoff ab, den die Männchen auch aus weiter Entfernung noch wahrnehmen. Sie haben vielfach gefiederte Fühler. Winzige Härchen daran registrieren die Lockstoffe der Weibchen.

Kinderzimmer

Jedes Tier im Wald hat seinen »Lebensraum«. Dort baut es ein Nest oder sucht sich einen Unterschlupf. Vögel konkurrieren oft um die besten Nistplätze. Mit ihrem Gesang grenzen sie das Revier ab, in dem sie Futter suchen und ihre Jungen aufziehen. Eulen, die unter Naturschutz stehen und in ihrem Bestand stark bedroht sind, und Spechte nisten meist in Baumhöhlen. Eichhörnchen bauen ihre Nester, die Kobel, weit oben im Geäst. Fledermäuse ziehen sich tagsüber gern in hohle Bäume zurück, wo sie auch überwintern. Andere Säuger graben unterirdische Baue oder legen Bodennester an. Die Waldlemminge im Norden Europas und Asiens vermehren sich enorm schnell. Ist reichlich Nahrung vorhanden, bringt das Lemmingweibchen im Sommer, auf mehrere Würfe verteilt, 30 bis 40 Junge zur Welt. Diese sind schon mit 19 Tagen geschlechtsreif und pflanzen sich dann ebenfalls fort. Im Frühjahr und Sommer wimmelt es in den Zweigen der Bäume von Raupen und jungen Insekten – ein Schlaraffenland für Vögel, die ihre Jungen zu füttern haben. Manche Insekten legen ihre Eier in Blättern oder unter der Rinde von Bäumen ab, um sie zu schützen.

Futterdepot

Schlupfwespen legen ihre Eier im Stamm von Nadelbäumen ab, genau dort, wo sich auch die Larven der Holzwespen entwickeln. Die Weibchen bohren ein bis zu 3 cm tiefes Loch und platzieren die Eier mit ihrer langen Legeröhre neben den Holzwespenlarven. Sie werden später von den Schlupfwespenlarven aufgefressen.

Warm und sicher

Das weibliche Rothalspademelon, ein Känguru, bringt ein Jungtier zur Welt. Das Neugeborene ist winzig klein und kaum entwickelt. Gleich nach der Geburt kriecht es in den Bauchbeutel der Mutter. Dort verbringt es die ersten 26 Wochen seines Lebens und saugt Milch aus den vier Zitzen an der Bauchwand.

Teddybären

Braunbären paaren sich im Mai oder Juni. Im Winter kommen dann nach 6-9 Monaten Tragzeit die Jungen zur Welt. Sie wiegen bei der Geburt etwa 350 bis 400 g und haben kaum Fell. Bis April oder Juni bleiben sie mit der Mutter in der Höhle, in der sie geboren wurden. Die Mutter säugt ihre Jungen; insgesamt kümmert sie sich zwischen 1½ und 4½ Jahre um sie. In welchem Alter eine Bärin geschlechtsreif wird und in welchen Abständen sie Junge wirft, hängt stark von der Menge und der Art ihrer Nahrung ab.

Auf und ab

Der Bartkauz frisst fast nur Wühlmäuse. Die kleinen Nager vermehren sich fünf bis sechs Jahre lang stark, dann geht ihre Zahl drastisch zurück. Wenn es viele Wühlmäuse gibt, legt das gut genährte Bartkauzweibchen von Jahr zu Jahr mehr Eier, manchmal sieben bis neun Stück. Geht der Wühlmausbestand zurück, sind es nur noch ein oder zwei Eier. Findet der Bartkauz nichts mehr zu fressen, verlässt er die nördlichen Wälder und sucht weiter südlich nach Nahrung.

Gute Tarnung

Weibliche Wildschweine (Bachen) bringen im Frühjahr bis zu zehn Frischlinge zur Welt. Sie sind gestreift und so im Dämmerlicht des Waldes gut getarnt. Die Bache zieht die Jungen allein auf, manchmal leben auch zwei Bachen mit ihren Frischlingen zusammen. Die Männchen (Keiler) sind Einzelgänger oder bilden kleine Gruppen, meist in der Nähe der Mütter mit ihren Jungen.

Zusammenleben

Manche Tiere sind Einzelgänger, andere bilden Gruppen, z. B. Hirsche, Wildschweine, Fledermäuse und Waldameisen. Das Leben in der Gruppe bietet Vorteile bei Gefahr, bei der Nahrungssuche oder der Aufzucht der Jungen. Bei den Säugern lernen die jungen von den erwachsenen Tieren, was zum Überleben wichtig ist. Ameisen bilden in ihren Nestern Kolonien, in denen jedes Tier eine Aufgabe erfüllt, z. B. Nahrung herbeischaffen oder das Nest bewachen. Auch bei Vögeln gibt es Spezialisierungen: Die in Amerika beheimateten Dreizehenspechte bilden Gruppen mit nur einem Brutpaar, die übrigen Vögel – meist jüngere – wechseln sich beim Bewachen der Baumhöhle und beim Füttern der Jungen ab. Daneben gibt es Gemeinschaften unterschiedlicher Lebewesen: So züchten z. B. Borkenkäfer, die gefürchtete Forstschädlinge sind, in unterirdischen Tunnels Pilze, um deren Fruchtkörper zu fressen. Den Pilzen wiederum dienen die Käferausscheidungen als Nahrung, wobei sie unverdautes Holz so umwandeln, dass die Käfer es verzehren können.

Kuckucksei im Nest

Kuckucksweibchen legen ihre Eier in die Nester anderer Vögel. Oft ist das Kuckucksei ähnlich gefärbt oder gesprenkelt wie die Eier der Wirtsvögel. Ist der junge Kuckuck nach 12 Tagen geschlüpft, bugsiert er die anderen Eier oder Jungvögel über den Nestrand. So bekommt er das gesamte Futter allein.

Gallen

An Pflanzen sieht man manchmal seltsame »Auswüchse«. Das sind Gallen, die meist von Gallwespen, aber auch von Käfern, Fliegen oder Milben stammen. Die Tiere legen ihre Eier in Blätter, Knospen oder Zweige. Sind die Larven geschlüpft, geben sie einen Botenstoff ab, der das umliegende Pflanzengewebe anschwellen lässt: Eine Galle entsteht. Die Larven schlüpfen allein oder zu zweit hinein und ernähren sich vom Gallengewebe. Manche Insekten kriechen im Sommer hervor, andere überwintern als Larven darin. Oft leben noch weitere Insekten als Schmarotzer in der Galle: So fand man z. B. in Eichengallen außer der Larve der Gallwespe 75 Arten von Insekten.

Rothirsch

Rothirsche sind gesellig. Sie leben in nach Geschlechtern getrennten Gruppen. Nur im Oktober, während der Brunft (Paarungszeit), kommen sie zusammen. Ein Weibchen-Rudel besteht aus mehreren miteinander verwandten Hirschkühen und ihren Kälbern beiderlei Geschlechts. Bei den männlichen Tieren herrscht eine Rangordnung: Der Hirsch mit dem größten, am besten ausgebildeten Geweih ist der »Anführer«. Im Frühjahr werfen sie ihr Geweih ab. Bis ein neues gewachsen ist, gibt es keine Hierarchie.

Waldameisen

Zu einer Waldameisenkolonie gehören 50000 bis 500000 Tiere. Viele von ihnen suchen Insekten, z. B. Käfer (rechts), die sie gemeinsam zum Nest transportieren. Eine große Kolonie vertilgt bis zu 100000 Insekten pro Tag. Das Nest besteht aus einem bis zu 1,5 m hohen Haufen aus Tannennadeln und hat ca. 3 m Durchmesser. Darunter befindet sich ein Labyrinth aus Gängen und Kammern. Nur die Königinnen sind fortpflanzungsfähig. Arbeiterinnen kümmern sich um den Nachwuchs, Soldaten bewachen die Nesteingänge und wehren Eindringlinge mit Ameisensäure ab. An warmen Tagen verlassen geflügelte Männchen und Weibchen das Nest zum Hochzeitsflug. Nach der Befruchtung werden die Weibchen als Königinnen Stammmütter eines neuen Volkes.

Aufbau eines Ameisennests

Vorratskammer

Bei Kälte oder Regen wird der Nesteingang verschlossen. So bleibt die Temperatur innen erhalten.

Die Larven verpuppen sich in einem Kokon.

Abfallkammer

Aus den Eiern schlüpfen Larven. Arbeiterinnen säubern und füttern sie.

Die Arbeiterinnen tragen die Puppen herum, damit sie eine gleichmäßige Temperatur haben.

Nur die Königin legt Eier.

Die Kammer der Königin ist am größten.

Mensch und Wald

Unsere Vorfahren sahen die Wälder als geheimnisvoll und gefährlich an, weil dort wilde Tiere hausten. Aber sie kannten auch die Schätze des Waldes, z.B. Beeren, Nüsse, Pilze und Brennholz. Sie nahmen sich nur, was sie zum Leben brauchten, und waren auf diese Weise Teil eines ausgewogenen ökologischen Systems. Heute gibt es kaum mehr Naturvölker; die meisten Menschen leben in Industrieländern. Mittlerweile sind außerdem große Waldgebiete zerstört worden. Der Wald wird häufig nur noch als Quelle für den Rohstoff Holz betrachtet und man legt eigene Nutzholzplantagen an. Kork liefern z.B. die Korkeichen in den Mittelmeerländern; alle zehn Jahre kann man deren Rinde abziehen, ohne dass die Bäume Schaden nehmen. Die teuren Tropenhölzer aus Plantagen werden hauptsächlich im Möbelbau verwendet. Aber auch der Freizeit- und Erholungswert des Waldes spielt eine wichtige Rolle, ob wir nun Rad fahren, wandern oder Vögel beobachten.

Wald wird Ackerland

Von vielen Wäldern Europas und Nordamerikas ist nur noch eine kleine Baumgruppe inmitten bebauter Felder übrig. Bis ein Baum groß genug ist, dass man ihn verwerten kann, dauert es gut fünfzig Jahre. Getreide kann man dagegen jedes Jahr ernten. Deshalb haben viele Landbesitzer ihre Wälder gerodet und die Flächen in Ackerland umgewandelt. Erhalten blieben die Wälder dort, wo steile Hänge keine andere Bodennutzung zulassen, außerdem in sehr dünn besiedelten abgelegenen Gegenden.

Holzhäuser

Holz braucht man zur Papierherstellung und zum Bau von Häusern und Möbeln. Diese Blockhütte in einem Pappelwald in Amerika ist ganz aus Holz. Aber auch für die Dachstühle von Steinhäusern wird Holz gebraucht. Ein großer Teil kommt heute aus Nutzwäldern. Sie bestehen aus geraden Reihen gleichartiger, meist schnell wachsender Bäume und werden regelmäßig aufgeforstet. Die Nutzwälder haben keine so reiche Flora und Fauna wie die Naturwälder.

Trüffelschwein im Einsatz

Trüffeln sind die Fruchtkörper eines Pilzes, der in Gemein-
schaft mit Baumwurzeln etwa 30 cm tief im Waldboden
wächst. Die Trüffeln verströmen einen Duft, den speziell
abgerichtete Hunde und Schweine wahrnehmen. Die erbsen-
bis apfelsinengroßen Pilze gelten als Delikatesse und werden
teuer gehandelt. Die bekannteste Trüffel-
gegend ist das Périgord, eine Region in Südwest-Frankreich. Etwa ein
Drittel der französischen Trüffelernte wird exportiert.

Flößen

Baumstämme sind sperrig und schwer.
Wenn möglich, transportiert man sie auf
Flüssen. Das Flößen
hatte zur Folge, dass
flussnahe Wald-
gebiete stark ab-
geholzt wurden.
Faserstoffwerke
wie das rechts ge-
zeigte findet man
dort, wo ein Fluss
in einen See mün-
det. Die Stämme
treiben im See, bis sie
verarbeitet werden. Seit
man zunehmend Langholztrans-
porter einsetzt, sind auch abgelegenere
Waldregionen vom Kahlschlag bedroht.

Totempfähle

Dieser kanadische Kwakiutl-Häuptling trägt
einen Adler-Kopfschmuck. Die Kwakiutl
bauten Dörfer aus Holzhäusern und waren
besonders für ihre kunstvoll geschnitzten
Totempfähle aus Zedernholz bekannt. Die
Schnitzereien stellen Tiere dar, die für den
Stamm eine besondere Bedeutung hatten,
weil sie z. B. mit dem Geisterreich in
Verbindung gebracht wurden. Solche
Tiere wurden von den Kwakiutl weder
gejagt noch gegessen. In symbolischen
Darstellungen wie auf den Totem-
pfählen kommt die tiefe Verbun-
denheit des Volks mit der Natur
zum Ausdruck.

Schutz der Wälder

Die Wälder der gemäßigten Zonen sind wichtig für das Gesamtklima der Erde. Sie beeinflussen den Wasserhaushalt und als »grüne Lungen« die Zusammensetzung der Atmosphäre. Außerdem wirken sie der Erosion (Bodenabtragung) entgegen und beherbergen eine Vielfalt an Pflanzen und Tieren. Von den ursprünglichen Wäldern Europas existiert nur noch ein Bruchteil. Auch die nördlichen Nadelwälder werden immer stärker gerodet, um den Holzbedarf der Industrie zu decken und Siedlungsraum zu gewinnen. Saurer Regen hat sie geschädigt und auch Waldbrände und Pilzkrankheiten richten Schaden an. Wichtig ist es, der Dezimierung der Waldflächen durch Aufforstung entgegenzuwirken. Für den Erhalt der Wälder kann jeder etwas tun, z. B. nie im Wald mit Feuer hantieren, das Auto etwas weniger benutzen und Produkte aus Altpapier verwenden.

Nachzucht

Im Bialowieska-Wald an der Ostgrenze Polens, einem der letzten unberührten Waldgebiete Europas, wurde der 1919 in freier Wildbahn ausgestorbene Wisent, ein Verwandter des amerikanischen Bisons, wieder angesiedelt. Man hat ihn aus Zootieren nachgezüchtet.

Vorsicht mit Feuer!

Kleinere Waldbrände, die durch Blitzschlag entstehen, sind notwendig für das natürliche Gleichgewicht des Waldes. Manche Samen keimen nur bei großer Hitze und auf den abgebrannten Flächen wachsen neue Bäume. Durch Zigarettenkippen oder Lagerfeuer können großflächige Waldbrände entstehen und der Pflanzen- und Tierwelt enormen Schaden zufügen.

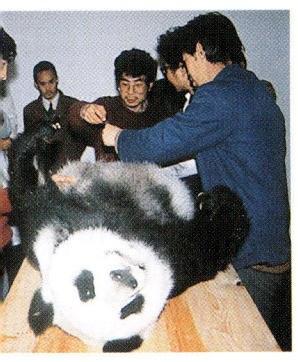

Rettet den Panda!

Als es noch überall in China Bambuswälder gab, kam der Große Panda in freier Wildbahn sehr zahlreich vor. Dann holzte man große Waldgebiete ab, um Siedlungen und Reisfelder anzulegen. Außerdem wurde der Panda wegen seines Fells gejagt. All dies hat dazu geführt, dass heute nur noch knapp 1000 Tiere in Freiheit leben. In Gefangenschaft jedoch vermehren sie sich kaum. Das Pandaweibchen auf dem Foto links wird in einer Zuchtstation in China künstlich befruchtet. Wenn alles gut geht, bekommt es ein oder zwei Junge. Der Große Panda zählt zu den geschützten Tierarten.

Kappen

Sägt man Bäume nicht ganz unten am Stamm ab, sondern lässt ein Stück davon stehen, bilden sich neue Triebe. Diese Methode nennt man Kappen. Sie eignet sich nicht für alle Baumarten, funktioniert aber gut bei Haselnuss und Kastanien. So kann man immer wieder Holz gewinnen, ohne ein Waldgebiet komplett zu roden. Außerdem lassen gekappte Bäume viel Licht zum Boden durch, sodass dort Blütenpflanzen gedeihen können.

Zukunft für die Wälder

Der Mann auf dem Bild links folgt einem Waldlehrpfad in Nordamerika. Solche Pfade vermitteln uns Wissen über die Bedeutung des Waldes, über seine Pflanzen und die Lebensweise der Tiere. Die Wälder der Erde haben nur dann eine Überlebenschance, wenn wir uns über die Zusammenhänge in der Natur informieren und Maßnahmen zu ihrem Schutz ergreifen.

Saurer Regen

Weite Bereiche der Wälder Europas und Nordamerikas sind vom sauren Regen geschädigt. Saurer Regen entsteht, wenn sich Abgase aus Kraftwerken, Fabrikschloten und Autoauspuffen mit Wasserteilchen in der Luft verbinden. Der Wind trägt die Schadstoffe über weite Strecken. So sterben z. B. durch Industrieabgase aus dem Norden der USA in Südkanada die Bäume ab. Und die Umweltverschmutzung in Westeuropa wirkt sich auf die Wälder im Süden Norwegens und Schwedens aus. Besonders in Nadelwäldern richtet der saure Regen Schaden an, denn dort ist der Boden von Natur aus relativ sauer. Wenn außerdem noch Aluminium mit dem Regen in den Boden gelangt, vergiftet das die Wurzeln der Bäume.

Schon gewusst ...?

... dass man sich an die folgenden Vereine und Verbände wenden und bei ihnen Informationsmaterial anfordern kann? Einige von ihnen organisieren auch Jugendclubs und Regionalgruppen:

BUND
Bundesgeschäftsstelle
Im Rheingarten 7
53225 Bonn
http://www.bund.net

Deutsche Waldjugend
Bundesleitung
Herbergstraße 19
51570 Windeck
http://waldjugend.de

Greenpeace e.V.
Große Elbstraße 39
22767 Hamburg
http://www.greenpeace.de

Naturschutzbund
Bundesgeschäftsstelle
Herbert-Rabius-Straße 26
53225 Bonn
http://www.nabu.de

Robin Wood
Bundesgeschäftsstelle
Postfach 10 21 22
28021 Bremen
http://www.robinwood.de

Schutzgemeinschaft Deutscher Wald
Bundesgeschäftsstelle
Meckenheimer Allee 79
53115 Bonn
http://www.sdw-online.de

WWF Infodienst
Rebstöcker Straße 55
60326 Frankfurt/Main
http://www.wwf.de

Die deutsche Bibliothek – CIP-Einheitsaufnahme
Tiere im Wald / Barbara Taylor. Aus dem Engl. von Eva Schweikart. - München : Ars-Ed., 2001
(Wissen der Welt)   Einheitssacht.: Wild woodlands <dt.>   ISBN 3-7607-4712-4

Copyright © 2001 für die deutsche Ausgabe: arsEdition, München
Aus dem Englischen von: Eva Schweikart
Redaktion: Annette Maas, Magda-Lia Bloos
Umschlaggestaltung der deutschen Ausgabe: Eva Schindler
Satz: Media and more GmbH, München

First Published in Great Britain by ticktock Publishing Ltd.
Titel der Originalausgabe: »Wild Woodlands«
© 2000 ticktock Publishing Ltd.
Illustrationen von: Peter Bull Art Studio
Alle Rechte vorbehalten

Printed in Belgium · ISBN 3-7607-4712-4

Danksagung: Der Verlag bedankt sich bei Helen Wire und Elizabeth Wiggans für ihre Mithilfe.

Bildnachweis: o = oben, u = unten, m = Mitte, l = links, r = rechts, Uv = Umschlag vorne, Uh = Umschlag hinten

Image Bank 22m. Oxford Scientific Films 2/3mo, 3or, 3ur, 4ur, 5mu, 7ol, 7mr, 8/9mu, 9or, 9mr, 10mo, 11ur, 12ol, 12/13m, 13u, 14ol, 14ul, 14/15m, 17m, 17ol, 18mu, 18/19m, 19r, 19ol, 19ul, 20l, 20/21, 21m, 21or, 21ul, 22ol, 22/23u, 23o, 24u, 24ol, 25m, 26m, 26ul, 27or, 29or, 30m, 30/31mo. Planet Earth Pictures Uv (Hauptbild). Still Pictures 11or. Tony Stone Uv (kleines Bild), Uh or & ul, 0 & 4ol, 32 & 6/7u, 21, 23mu, 4ur, 5mr, 5ol, 6ol, 6/7m, 6/7ul, 8l, 9ol, 10l, 10/11mo, 10/11mu, 12r, 13o, 15ol, 15ur, 15ul, 16ul, 16/17m, 17mu, 18l & kleines Bild, 23r, 25or, 25u, 26/27mo, 28ol, 28ul, 28/29, 29mr, 30l, 30/31lm, 31ur.

Register